La gente DE MI comunidad

Los policías

Jared Siemens

SPANISH & ENGLISH eBOOKS
AV2 BY WEIGL
ADDED VALUE • AUDIO VISUAL

www.av2books.com

El enriquecido libro electrónico AV² te ofrece una experiencia bilingüe completa entre el inglés y el español para aprender el vocabulario de los dos idiomas.

This AV² media enhanced book gives you a fully bilingual experience between English and Spanish to learn the vocabulary of both languages.

Spanish

English

Navegación bilingüe AV²
AV² Bilingual Navigation

CERRAR
CLOSE

INICIO
HOME

OPCIÓN DE IDIOMA
LANGUAGE TOGGLE

CAMBIAR LA PÁGINA
PAGE TURNING

Las personas que viven cerca forman una comunidad.

El médico es una persona de mi comunidad.

VISTA PRELIMINAR
PAGE PREVIEW

Los policías

ÍNDICE

Las personas que viven cerca forman una comunidad.

El policía es una persona de mi comunidad.

El policía trabaja en una estación de policía.

La estación de policía es el lugar donde trabajan los policías.

El policía ayuda a que la gente esté segura.

Se asegura de que la gente de mi comunidad respete las reglas.

Cuando hay un accidente de tránsito, se llama a la policía.

El policía averigua cómo ocurrió el accidente.

Los policías trabajan con perros policías.

Estos perros usan su nariz para ayudar a los policías.

Los policías buscan a las personas perdidas.

Encuentran a la persona perdida y la ayudan a volver a su casa.

El oficial de policía controla a los que conducen muy rápido.

16

Les hace una multa y les dice que vayan más despacio.

17

El oficial de policía me enseña sobre las reglas y la seguridad.

Me dice que llame al 911 si algún conocido está en peligro.

Los policías son muy importantes en mi comunidad.

20

Descubre qué has aprendido sobre el policía.

Describe lo que ves en cada una de las imágenes.

¡Visita www.av2books.com para disfrutar de tu libro interactivo de inglés y español!

Check out www.av2books.com for your interactive English and Spanish ebook!

1 **Entra en www.av2books.com**
Go to www.av2books.com

2 **Ingresa tu código**
Enter book code

B 7 4 5 7 8 7

3 **¡Alimenta tu imaginación en línea!**
Fuel your imagination online!

www.av2books.com

Las personas que viven cerca forman una comunidad.

El médico es una persona de mi comunidad.

EBOOK

Published by AV² by Weigl
350 5ᵗʰ Avenue, 59ᵗʰ Floor
New York, NY 10118
Website: www.av2books.com

Library of Congress Control Number: 2015954029

ISBN 978-1-4896-4428-2 (hardcover)
ISBN 978-1-4896-4430-5 (multi-user eBook)

Printed in the United States of America in Brainerd, Minnesota
1 2 3 4 5 6 7 8 9 0 20 19 18 17 16

042016
101515

Weigl acknowledges iStock and Getty Images as the primary image suppliers for this title.

Project Coordinator: Jared Siemens
Spanish Editor: Translation Cloud LLC
Designer: Mandy Christiansen